Aufrichtiges Beileid

Material (Abb. Seite 1)
bedruckte Papiere ▪ weiße, quadratische Grußkarten, DIN Lang ▪ Schneidemaschine und Schablone: „Taube", „Blüte", „Rahmen" ▪ Windradfolie ▪ Schablone „Schachtel" ▪ Sticker „Kreuz" ▪ Halbperle ▪ Blütenstempel ▪ silberne Brads ▪ Spitzenband, weißes Chiffonband ▪ Abstandsband

Chiffonbänder um das Textteil führen. Den Rahmen, sowohl aus bedrucktem Papier, als auch aus Windradfolie zuschneiden, übereinander legen und mit Brads befestigen. Mit Abstandsband auf die Karte setzen und zum Schmücken das Stanzblümchen mit den Blütenstempeln anbringen.

Karte Taube „Herzliches Beileid"

Das bedruckte, lindgrüne Papier etwas kleiner als das Kartenformat zuschneiden und mit einem schmalen Streifen des grauen Papiers zusammen auf die Karte setzen. In gleicher Breite das Spitzenband aufkleben. Dann die Taube zuschneiden, durch einen 2 cm breiten Papierstreifen schieben und mit Abstandsband auf die Karte aufsetzen. Zuletzt die Halbperle als Auge aufkleben und mit Spitzenband dekorieren.

Karte mit Text

Etwas kleiner als das quadratische Kartenformat wird das bedruckte, lindgrüne Papier zugeschnitten und mit dem ausgedruckten Text versehen. Vor dem Fixieren auf der Karte die

Geldgeschenk-Schachtel

Mit Hilfe der Schablone zwei Schachtel-Elemente zuschneiden, aufeinander setzen und mit Brads verschließen. Eine Öffnung nicht komplett verschließen, sondern das Brad nur zur Dekoration befestigen. Einen Kreis im Durchmesser von 6 cm und einen weiteren in der Größe von 4 cm übereinander auf die Schachtel setzen und zuletzt mit dem Kreuz-Sticker dekorieren.

Impressum:
© 2008 Bücherzauber Verlag GmbH, 41540 Dormagen
ISBN: 978-3-86545-246-7 ▪ Best.-Nr.: 45246

Fotos: Andrea Splietker
Styling: Andrea Splietker
Layout/Satz/Bildbearbeitung: Andrea Splietker
Druck: Merkur Druck GmbH & Co. KG, Detmold ▪ www.merkur-druck-online.de

Das Gesamtwerk sowie die darin abgebildeten Motive sind urheberrechtlich geschützt. Jede gewerbliche Nutzung oder Vervielfältigung der abgebildeten Entwürfe – auch auszugsweise – ist nur mit schriftlicher Genehmigung des Herausgebers gestattet. Das Gleiche gilt auch für die Verbreitung, Vervielfältigung oder sonstige Verarbeitung mit elektronischen Systemen.

Alle Materialangaben und Arbeitsweisen für die abgebildeten Motive wurden sorgfältig geprüft. Eine Garantie oder gar Haftung für eventuell auftretende Schäden können seitens der Autorin oder des Verlages nicht übernommen werden.

1. Auflage 2008

Vorwort

Vielleicht sind Sie betroffen, wenn Sie ein Bastelbuch in den Händen halten, dass sich mit traurigen Anlässen beschäftigt. Aber wie oft geht es im Leben nicht gerecht zu? Geliebte Menschen werden arbeitslos, vom Partner verlassen, sind traurig oder sterben und man steht tatenlos daneben, hat mit sich selbst zu kämpfen. In solchen Situationen ist es nicht einfach, die passenden Worte zu finden. Eine Karte zu gestalten, die Ihre Anteilnahme ausdrückt, ist schmerzlich, denn es setzt voraus, dass man sich mit der Situation auseinander setzt – aber Sie werden durch diese persönliche Form Ihre Gefühle so ausdrücken können, wie Sie sie empfinden. Das allein ist es wert.

Ich hoffe, dass ich Sie beim Finden der passenden Worte und Gestaltungen begleiten konnte.

Herzlichst, Ihre

Sandra Rupp

Modell Seite 13 - Außenansicht   Komplett aufgeklappt

Einmal aufgeklappt

Material & Werkzeug

- bedruckte Papiere
- Tonkarton, Graupappe
- Leporello-Seiten und Ringe
- Brads, Eyelets, Snaps und Werkzeuge
- Multiboard (lila Platte)
- Papierschneider
- Papier-Ribbler
- Schneidemaschinen und Schablonen
- Schleifenbänder, Spitzenband, Zierfäden
- Ziersteine
- Silikonstempel-Sets
- diverse Stempelkissen
- Stempelkissen für Folie und Reiniger
- Windradfolie
- Acryl-Trennscheiben
- Nylonfaden zum Aufhängen
- Kreuz Sticker
- doppelseitiges Klebeband, Schmucksteinkleber, Abstandsband
- Motiv-Stanzen
- Ornament-Scheren
- Lochzange
- eckige Bierdeckel
- Spiralbuch
- Acrylfarbe
- Notizbuch
- verschiedene Perlen
- Stoffblüten
- Blütenstempel
- Pappdose
- Näh-Rad (für Zuschnitte, erhältlich beim Nähmaschinen – Bedarf)
- 3-D-Gel, Flimmer
- Kreidestift

Tipps

Wie erstelle ich die Texte?

Die gezeigten Texte sind mit dem PC erstellt. Somit lässt sich die Schrift und die Aufteilung der Karte entsprechend gestalten. Passend zur Gestaltung kann sowohl Schrift, als auch Farbe, sowie Stärke und Größe bestimmt werden.

Wie hinterlege ich Texte?

Texte oder Fotos, die mit einem oder mehreren Papieren hinterlegt sind, wirken hervorgehoben und ansprechender. Am einfachsten ist es, das Textstück auf das zweite Papier zu kleben und mit Hilfe des Papierschneiders nachzuschneiden. In der Beschreibung finden Sie keine Maßangaben, da Ihre Texte evtl. andere Formate aufweisen.

Was sind Chipboards?

Chipboards sind Stanzteile aus festem Karton. Sie können bemalt, beklebt, beglimmert und auf vielfache Weise verwendet werden. Erhältlich sind diese Hingucker als Alphabete, Zahlen und in vielen Formen. Besonders schön sind sie bestempelt, mit eingebundenen Bändchen oder Strass-Steinchen beklebt.

Hinweis:
Alle verwendeten Texte auf den Karten sowie noch zahlreiche Alternativtexte finden Sie auf dem Vorlagenbogen.

Tipps

Einiges zum Thema Stempeln, Stempelkissen, Silikonstempel und Techniken:

Was sind Silikonstempel?

Silikonstempel sind im Set erhältlich. Sie werden auf einen Acrylblock gesetzt und sind in der Anwendung den Holzstempeln entsprechend, bieten allerdings noch den Vorteil, dass sie transparent sind. Somit ist sichtbar, wo der Stempelabdruck gesetzt wird.

Welche Techniken gibt es?

Ganze Muster, die bedrucktem Papier täuschend ähneln, können gestempelt werden. Es ist wirkungsvoll, über den Papierrand hinaus zu stempeln.

Wie werden Papierränder und Stanzteile besonders hervorgehoben?

Mit Hilfe von Kreiden, Stempelfarben und kleinen Stempelkissen können Sie sowohl Ränder des Papiers, als auch Stanzteile besonders akzentuieren. Ein kleines Schwämmchen oder Tuch ist hilfreich. Die Farbe wird damit vom Stempelkissen aufgenommen und auf dem Papier aufgetragen. Testen Sie die Wirkung zunächst auf einem Papierrest. Besonders interessante Wirkungen entstehen, wenn zwei Farben, die zu den Papieren passen, ineinander verwischt werden.

Arten von Stempelkissen:

Chalk:

Kreidekissen sind deckend und schnelltrocknend. Hintergründe lassen sich gut damit einfärben, Ränder gut hervorheben und die Kissen sind ideal, um Stempelabdrücke auf dunklen Papieren sichtbar zu machen.

Pigment:

Bekannt als Embossing-Stempelkissen. Es trocknet langsam, nimmt lange das Embossing-Pulver auf und ermöglicht nahezu alle Techniken. Es ist jedoch bedingt durch das langsame Trocknen weniger geeignet, um Hintergründe einzufärben und danach zu embossen.

Stempelkissen für Metall, Glas, Folie und Leder:

Es gibt mittlerweile spezielle Stempelkissen, die es ermöglichen, auf Acryl, Folien, Metall, Glas und Leder zu stempeln. Nach etwa 3-5 Minuten ist die Stempelfarbe trocken und nicht mehr ablösbar. Fehldrucke lassen sich mit dem speziellen Reiniger entfernen. Am besten zuvor auf einem Probestück testen. Beim Stempeln vorsichtig abstempeln, denn durch die glatte Oberfläche von Acryl und Folie kann der Abdruck verwischen. Ein spezieller Reiniger für diese Farbe ist erforderlich.

3-D Wirkung von Stanzteilen

Die gestanzten Papiere wirken plastisch, wenn sie mit Hilfe des Falzbeins gebogen werden. In der Mitte des Stanzteils wird das Falzbein angesetzt und der Richtung entsprechend, die gewölbt werden soll, nachgefahren. Die Verfahrensweise ist dem Kringeln von Geschenkband ähnlich. Es funktioniert mit allen Papieren, auch mit Transparentpapier. Um sicherzustellen, dass der Halt nicht nachlässt, lassen sich kleine 3-D-Abstandspads unter die gewölbten Elemente setzen. Aber: Porto bedenken!

Ein Kind verlässt die Welt

Material

bedrucktes Papier ● unifarbenes Papier: beige, wollweiß ● Leporello: „Rechteck", „Kreis" ● Schablone: „Schaukelpferd" und „Elefant" ● Ringe ● silberne Brads ● silberne Ösen ● Brads mit Glitzersteinen ● Glitzersteine ● Multiboard ● Papier-Ribbler ● Schneidemaschine und Schablone „Blüten" ● Kreisschneider ● Spitzenband, Chiffonband und Schmuckband

Leporello rechteckig „In stiller Trauer"

Die Leporello-Seiten mit dem bedruckten und unifarbenen Papier bekleben. Gleich danach die Ösen einstanzen. Den Elefanten aus unifarbenen Papier der Schablone entsprechend zuschneiden und mit Abstandsband platzieren. Die Leporello-Seiten nach Wunsch mit einem Text, kolorierten Stanzblümchen, Bändern, Glitzersteinchen und geprägten Papieren, die mit dem Multiboard erstellt wurden, schmücken.

Leporello kreisförmig „Aufrichtige Anteilnahme"

Hier entspricht die Vorgehensweise dem rechteckigen Leporello. Zunächst werden die Leporello-Seiten mit den Papieren beklebt, danach mit den Ösen versehen. Das Schaukelpferd wird mit Schleifen versehen und mit Abstandsband auf der Vorderseite angebracht. Nun beliebig mit kolorierten Blümchen, Bändern, Brads mit Glitzersteinen und den hinterlegten Texten ausarbeiten.

Geldgeschenk-Schachtel „In stiller Trauer"

Ein rechteckiger Streifen bedrucktes Papier im Format 19 x 14,5 cm schneiden. Mit doppelseitigem Klebeband die beiden Enden auf der Rückseite zusammenführen (nicht knicken!). Es entsteht eine Rolle. Danach doppelseitiges Klebeband am unteren Rand anbringen, die Papiere zusammen führen und mit dem Papier-Ribbler etwa 2 cm am unteren Rand bearbeiten. Als Deckel dient ein Papierstreifen, der an beiden Enden mit dem Multiboard bearbeitet wurde. Entsprechend der entstandenen Breite zuschneiden, mittig falten und auf der Rückseite der Schachtel ankleben. Mit den Texten und Bänden schmücken. Als Verschluss dient eine silberne Öse, durch die das Band hindurch befestigt wird.

Wenn die Seele weh tut...

Material

Tonkarton: beige, blaugrau ● bedrucktes Papier „Streifen" ● Windradfolie ● hellblaues Transparentpapier ● Silikonstempel, Acrylblöcke ● Stempelfarbe für Folie ● hellblaues Stempelkissen ● Halbperlen, Schmucksteinkleber ● Schneidemaschine, Schablone: „Blüte", „Schnalle" ● Ornamentschere ● Näh-Rad ● Eckenrunder, Lochzange ● Glitzer-Brad ● verschiedene Bänder

„Hoffnung – Deine Seele ist traurig..."

Das Kartenformat aus beigefarbenem Tonkarton beträgt 30 x 15 cm. Zwei weitere Papierstücke, jeweils etwa 0,5 cm kleiner, zuschneiden. Nachdem die Ecken gerundet wurden, werden die Elemente auf die Karte gesetzt. Das Stanzteil in Form einer Schnalle wird mit dem Ausdruck „Hoffnung" beklebt und mit einem Band auf der Karte befestigt. Nun den Streifen aus beigefarbenem Tonkarton im Maß von 3,5 x 15 cm mit dem Näh-Rad bearbeiten. Je eine Blüte aus Windradfolie und eine aus hellblauem Transparentpapier zuschneiden. Die Windradfolien-Blüte mit dem Folien-Stempelkissen bestempeln. Nach dem Trocknen mit einem Glitzer-Brad auf die Karte setzen. In der Innenseite befindet sich der Text, der mehrmals mit Papieren hinterlegt wird. Hier werden alle Ecken mit dem Eckenrunder eingestanzt. Bänder schmücken die Innenseite. Den Text mit Abstandsband aufsetzen.

„Wer den Kopf nicht hebt..."

Das Kartenformat entspricht der zuvor beschriebenen Karte. Auch hierfür verschiedene Streifen Papier zuschneiden und teilweise mit der Bordürenschere nachschneiden. Einige der Papiere mit dem Näh-Rad bearbeiten. Hierfür ein Lineal zur Hilfe nehmen. Dann den Text mehrfach hinterlegen und auf die Karte aufsetzen. Nun die Bordüre mit hellblauer Stempelfarbe auf einen Streifen weißes Papier stempeln, der Kartenform entsprechend zuschneiden und mit Halbperlen verzieren. Zuletzt die Stanzblüte mit dem Schleifenband auf der Karte befestigen.

... einen Engel verlieren ...

Material
hellgrüne Karte, DIN Lang ● hellgrüner Tonkarton ● bedruckte Papiere ● Windradfolie ● cremefarbenes Stempelkissen für Folie ● olivefarbenes Stempelkissen (Kreide) ● Silikonstempel, Acrylblöcke ● Stempel „Farn" ● Lochzange ● Ornamentschere ● Multiboard ● Schneidemaschine, Schablone: „Schnörkel", „Blüten" ● goldene Snaps ● wollweiße Brads ● Schleifenband

„Mit den Flügeln der Zeit..."

Braunes Papier etwas schmaler als das Kartenformat zuschneiden, an den Seiten jedoch anpassen. Den unteren Rand mit der Ornamentschere zuschneiden und die Löcher einstanzen. Die Windradfolie dem Kartenformat entsprechend zuschneiden und mit der speziellen Stempelfarbe beliebig bestempeln. Die Folie mit den goldfarbenen Snaps an allen Ecken der Folie befestigen. Den Text mit hellgrünem Papier hinterlegen und mit Abstandsband auf die Karte setzen. Die Karte mit den Stanzteilen, Blüten und Brads schmücken.

Aufklappbare Karte als Mini-Album

Den hellgrünen Tonkarton auf das Maß 28,5 x 28,5 cm zuschneiden. Dann entlang des Multiboards an allen Seiten Falze bei der Einkerbung „Tri-Fold A4" (Dreifachfaltung) setzen. Die an allen vier Ecken entstehenden Quadrate ausschneiden, damit sich die Elemente einklappen lassen. Für die fünf entstehenden Quadrate bedruckte Papiere im Format 9 x 9 cm zuschneiden mit gerissenen Papieren, die zuvor bestempelt und koloriert wurden, verzieren. Den Text für die Mitte hinterlegen, die Ecken jeweils mit der Lochzange einstanzen und das Element mit Abstandsband aufsetzen. Zur Dekoration beliebig Stanzteile, Brads und Blüten aufsetzen. Für die Außenseite Windradfolie im gleichen Maß (9 x 9 cm) mit dem dafür vorgesehenen Stempelkissen bestempeln, auf dem braunen Papier mit den selben Abmessungen befestigen

und erst dann aufsetzen, wenn die Lasche für den Verschluss mit Brads fixiert wurde. Die Lasche hat das Maß 2 x 4 cm. Als Verschluss einen rechteckigen Streifen im Format 8 x 1,7 cm fertigen, bei etwa 3 cm falten und am kürzeren Stück mit doppelseitigem Klebeband auf der Rückseite befestigen.

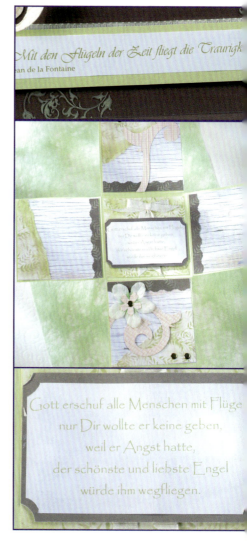

Von der Liebe enttäuscht...

Material

Tonkarton: lila, oliv, beige ● lila Grußkarte, DIN Lang ● grüne Struktur-Tapete ● Papierschneidemaschine ● Schablone: „Schnörkel", „Ovale", „gewellte Ovale", „Tag-Book", „Herzen" ● Stanzen „Eckenrunder" ● antik-silberfarbene Ösen und Brads ● diverse Bänder ● Stempelfarbe: lila, oliv ● Silikonstempel, Stempelblöcke

„Bewahre Dir Deine Offenheit"

Bei dieser Karte werden alle Schichten Papier und die lilafarbene DIN Lang Karte sowohl mit Stempelfarben koloriert, als auch der Abbildung entsprechend Schicht für Schicht etwa 0,3 cm schmaler zugeschnitten. Nachdem alle Zuschnitte bearbeitet wurden, werden die einzelnen Schichten übereinander geklebt. Ein getupftes Band um die Karte führen. Dann zuerst das Oval aus grüner Struktur-Tapete schneiden und etwas kleiner das gewellte Oval aus lila Tonkarton fertigen. Beides mit Abstandsband übereinander setzen und mit dem Text bekleben. Den Schnörkel fast mittig teilen, kolorieren und bestempeln. An der Rundung die Bänder einknoten und die Einzelteile mit Abstandsband auf die Karte setzen. Am Ende das Oval mit dem Text anordnen und mit Blümchen und Band schmücken.

Aufklappbares Tag-Book

Das Tag-Book zwei Mal aus lilafarbenem Tonkarton zuschneiden und wie auf dem Vorlagenbogen eingezeichnet falzen. Alle Papiere an den Rändern mit Stempelfarbe schattieren. Die beiden Teile so aufeinander kleben, dass sich die gewellten Seiten gegenüber liegen. Als Verschluss dienen Ösen, durch die ein Band geführt wird. Beliebig bestempeln und mit dem Stanz-Herz und der Blüte schmücken. Für die Innenseiten eine DIN Lang Karte halbieren, die Karte (mit der Öffnung nach oben) zwei Mal hinterlegen und in das Tag-Book einkleben. Zuvor ein schmales Satinband zum Schnüren befestigen. Nun die Innenseiten mit den Texten versehen und mit Stanzteilen verzieren. Um einen plastischen Effekt zu erzielen, 3-D-Pads unter den Bogen des Schnörkels setzen. Die jeweiligen Enden flach befestigen. Bänder, Blüten und Brads können nun beliebig verwendet werden. Aus grüner Tapete das gewellte Oval ausstanzen, das Papier halbieren und den seitlichen Rändern anpassen.

Innenansicht „Bewahre Dir Deine Offenheit"

Weitere Ansichten auf Seite 3

Bei schwerer Krankheit

Material
bedrucktes Papier ● lachsfarbener Tonkarton ● Chipboards: „Blüte", Buchstabe „G" ● verschiedene Ösen, Brads ● Multiboard ● Kreisschneider ● Zick-Zack-Schere ● Silikonstempel, Acrylblöcke ● Stempelfarbe: rot, altrosa ● Papierblümchen ● lachsfarbene Acrylfarbe

„Gib niemals auf..."

Die Karte im Format 15 x 30 cm aus bedrucktem Papier zuschneiden, mittig falten und mit dem Text am unteren Rand bekleben. Einen Kreis im Durchmesser von 10 cm zuschneiden und auf die Karte setzen. Nun 7 Kreise in der Größe von 4 cm fertigen und wie folgt falten: einmal halbieren, wieder öffnen und sowohl die rechte, als auch die linke Hälfte des Kreises so einfalten, dass sich eine blütenblattförmige Öffnung ergibt und unten die Form spitz zuläuft. Die einzelnen Blütenblätter auf den Kreis setzen. Das Chipboard (Blüte) bemalen, ein Loch einstanzen und mit einer weiteren Blüte mit einem Brad in die Mitte des Kreises setzen. Für die Innenseiten jeweils einen Streifen lachsfarbenen Tonkarton bestempeln, mit der Zick-Zack-Schere nachschneiden und einkleben. Dann einen Streifen im Format 26,5 x 10,5 cm des bedruckten Papiers jeweils zum Rand hin nach 2 cm falten, mit der Zick-Zack-Schere nachschneiden. Mit Blümchen, Ösen und Bändern dekorieren. Dann den Streifen mittig falten und so einkleben, dass sich die Karte sowohl schließen, als auch nach vorne aufklappen lässt.

Aufklappbare Karte *„Gesundheit..."*

Einen Steifen aus bedrucktem Papier im Format 30,5 x 11 cm zuschneiden. Diesen Streifen in drei Felder von 11,5; 11,5 und 7,5 cm der Länge nach unterteilen. Die Karte so falten, dass der kleinste Streifen den Verschluss ermöglicht und somit links außen ist. Den Rand mit der Wellenführung des Multiboard prägen, nachschneiden und Löcher einstanzen. Das Chipboard („G") mit Acrylfarbe bemalen und danach bestempeln. Das Wort „Gesundheit" hinterlegen und mit dem „G", an dem Bänder eingeknotet wurden, auf dem Verschluss fixieren. Mit Blümchen und Brads dekorieren. Die Innenseiten beliebig mit bedruckten und lachsfarbenen Papieren bekleben. Blümchen, Bänder und das Arbeiten mit dem Multiboard dienen der Verzierung der Innenseite. Eine Öse ermöglicht es, die Karte mit einem Band zu verschließen.

Innenansicht „Gib niemal auf ..."

Innenansicht „Gesundheit"

Hoffnung in schweren Zeiten

Material
Tonkarton: wollweiß, hellgrün, grau ● schimmerndes Papier ● quadratische, perlmuttfarbene Grußkarte ● wollweißes Japanpapier ● Silikonstempel, Stempelblöcke ● lindgrünes Stempelkissen (Pigment) ● Embossingpulver, transparent, Embossing-Föhn ● grau-irisierende Rocailles ● Schleifenband ● Papierschneidemaschine, Schablone „Schnörkel" ● Stanze „Blüte" ● Näh-Rad ● Bierdeckel ● Multiboard

Bierdeckel-Karte
„Ein Jegliches hat seine Zeit..."

Die Bierdeckel mit schimmerndem Papier und wollweißem Japanpapier bekleben und der Form des Bierdeckels nachschneiden. Am oberen, rechten Rand Löcher einstanzen. Dann auf Perlmutt-Papier mit lindgrüner Stempelfarbe stempeln und die Abdrücke transparent embossen. Hierfür das transparente Pulver über den Abdruck streuen, das Pulver abschütteln und z.B. mit einem Embossing-Föhn schmelzen. Das Papier reißen und mit weiteren Papieren, die teilweise mit dem Näh-Rad gelocht wurden, auf die Bierdeckel aufsetzen. Nun den Text aufkleben und die Karte mit dem Stanzteil, der Blüte und der Perle schmücken.

Gefaltete Karte
„Wenn die Hoffnung aufwacht..."

Aus wollweißem Tonkarton im Format 29,5 x 16 cm die vierfach-Faltkarte herstellen. Mit Hilfe des Multiboards die Falze setzen. Die Unterteilungen in „Gatefold A4" und „Half Fold A4" nutzen. Die Vorderseite der Karte mit gerissenen Papieren, die bestempelt oder mit dem Näh-Rad bearbeitet wurden, bekleben. Den Text aufsetzen und aus dem bestempelten Papier eine Blüte stanzen. Diese, mit einer Papierblüte und aufgenähten Rocailles auf der Vorderseite fixieren. Die Karte mit einem Band verschließen.

Quadratische Karte

Die perlmuttfarbene Karte auf der Vorderseite mit der lindgrünen Stempelfarbe bestempeln und embossen. Der Text mit einem Streifen gerissenem Papier, welches zuvor mit dem Näh-Rad bearbeitet wurde, hinterlegen. Zuletzt mit Stanzteilen und Perlen schmücken.

Innenansicht Bierdeckel-Karte

Gefaltete Karte

Zuversicht, Gelassenheit und Mut

Material
Windradfolie ● Acryl-Trennscheiben „Herz", „Kreis" Ø 11 cm ● bedruckte Papiere ● hellblaues Stempelkissen für Folie ● Silikonstempel, Stempelblöcke ● Stempelkissen: lindgrün, weiß ● 3-D Gel ● brauner Flimmer ● Stanze „Blüte" ● Schneidekoffer ● Zick-Zack-Schere ● Schleifenband ● blaue Brads ● blaue Kristallperle und -Schmetterling ● Nylonfaden

Herz „Zuversicht" (liegend)

Das Acryl-Herz mit der blauen Stempelfarbe für Folie bestempeln und trocknen lassen. Ein Herz aus bedrucktem Papier mit Hilfe des Schneidekoffers zuschneiden und aufkleben. Den Ausdruck „Zuversicht" zuschneiden, mit hellgrüner Stempelfarbe schattieren und aufkleben. Die Blüte nach dem Stanzen mit weißer Stempelfarbe bestempeln, mit 3-D Gel betupfen und beglimmern. Nach dem Trocknen mit Hilfe des Falzbeins wölben. Die Blüte mit einem Papierrest und einem Brad auf das Herz kleben.

Transparente Karte „Gelassenheit..."

Einen Streifen Windradfolie auf das Maß 30 x 17 cm zuschneiden. An der längeren Seite mit der Zick-Zack-Schere nachschneiden. Die Karte falzen. Mit dem Multiboard geht es einfacher. Danach verschiedene Papier-Schichten zuschneiden, übereinander anbringen und zuletzt den Text mit Abstandsband anordnen. Vor dem Aufkleben die Blümchen, die wie beschrieben hergestellt wurden, fixieren. Die Schleife verläuft zwischen der grünen und gestreiften Papierschicht.

Kreis „Mut" (hängend)

Die Verfahrensweise ist dem Herz entsprechend. Für die Kreise den Schneidekoffer verwenden. Durch das Pendel ein Nylonfaden ziehen, die Kristallperlen auffädeln und verknoten. Da es sich dreht, kann die Rückseite für ein anderes beliebiges Wort oder Bild genutzt werden.

Tipp: Als Erinnerung an geliebte Menschen kann auch deren Foto oder ein Foto mit schönen Erlebnissen aus der gemeinsamen Zeit auf den Acryl-Scheiben platziert werden.

Gott gebe mir die
Gelassenheit,
Dinge hinzunehmen,
die ich nicht ändern kann.
Den Mut, Dinge zu ändern,
die ich ändern kann.
Und die Weisheit, das eine
von anderen
zu unterscheiden.

Friedrich Christoph Oettinger

Worte des Trostes

Material

Tonkarton: schwarz, grau, weiß ● Stempelkissen: schwarz, blau, beige ● Silikonstempel, Stempelblöcke ● weißer Kreide-Stift ● silberne Ösen ● Ornamentschere, Lochzange ● diverse Bänder und Paketschnur ● weiße Blümchen ● Rocailles

Quadratische Karte „Trösten ist eine Kunst des Herzens"

Die Karte aus schwarzem Tonkarton im Maß 14 x 28 cm zuschneiden und mittig falten. Im etwas kleineren Format grauen Tonkarton zuschneiden, an den Rändern schattieren und mit den jeweiligen Bändern, die über Kreuz verlaufen, bespannen. Hierzu verschiedene Bänderreste in kleine Streifen schneiden und mit einem längeren Stück schmalem Satinband zusammenbinden. Brads dienen zum Fixieren und Schmücken. Zuletzt den Spruch hinterlegen und mit Abstandsband auf ein Stück bestempeltes Papier kleben. Den Schmetterling stempeln, kolorieren und nach dem Ausschneiden mit 3-D Pads aufkleben.

„Aufrichtige Anteilnahme"

Die Karte hat das Format 10 x 28 cm. Mittig gefalzt wird sie so aufgestellt, dass der Falz oben ist. Verschiedene Schichten Papier, teilweise mit Ornamentscheren zugeschnitten, übereinander kleben. Zuletzt den Streifen „Aufrichtige Anteilnahme" aufsetzen und am oberen Rand Ösen einschlagen, durch die Bänder geführt und gebunden werden.

Mini-Klappkarte „Herzliches Beileid"

Laut Vorlagenbogen die Mini-Klappkarte aus schwarzem Tonkarton zuschneiden, die Ösen wie eingezeichnet setzen. In passender Größe verschiedene Streifen aus bestempeltem Papier oder Tonkarton zuschneiden und aufsetzen. Zuletzt die Blümchen und die Rocailles zur Dekoration anordnen.

Stempeltechnik

(für alle Karten verwendet)
Weißes Papier mit verschiedenen Farben beliebig bestempeln, wobei die jeweiligen Blüten immer in der gleichen Farbe gestempelt werden (nicht die Kissen wechseln, ansonsten wäre die Reinigung erforderlich!). Auch über die Papierränder hinaus stempeln. Zuletzt mit dem Kreide-Stift die Tupfen auf die schwarzen Blüten setzen.

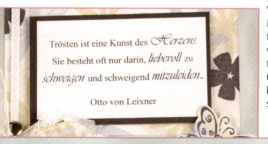

Innenansicht Mini-Klappkarte

In stillen Stunden

Material
rosa Tonkarton ● bedruckte Papiere ● diverse Bänder ● Chipboards ● Spiralbuch ● lachsfarbene Acrylfarbe ● braune Glitzersteinchen Silikonstempel, Acrylblöcke ● kupferfarbenes Stempelkissen ● Multiboard

Kummerbuch

Verschiedene Papiere der Länge nach reißen, übereinander auf das Spiralbuch kleben und nachschneiden. Das Chipboard mit lachsfarbener Acrylfarbe bemalen. Nach dem Trocknen mit kupferfarbener Stempelfarbe bestempeln und embossen. Kleine Glitzersteinchen ringsum aufkleben. Einen schmalen Papierstreifen durchziehen und parallel dazu ein rotes Satinband über die Gestaltung laufen lassen. Dann das Wort „Kummerbuch" ausdrucken, reißen und mittig über das Buch kleben. Zuletzt in die Spiralen verschiedene Bänder einknoten und nachschneiden.

Innenansicht „In stillen Stunden"

Aufklappbare Karte

„In stillen Stunden"

Einen Streifen von 30,5 x 11 cm aus rosafarbenem Tonkarton zuschneiden und mit dem Multiboard falzen. Hierfür das Papier der Breite nach auf der Seite „Box Lid" anlegen und die achte Rille zum Falzen verwenden. Die Karte einschlagen und den Schritt wiederholen. Die entstandenen Flächen mit verschiedenen, bedruckten Papieren bekleben. Die Chipboards bemalen, bestempeln und embossen. Zuletzt dienen Glitzersteinchen, Bänder und Stanzblüten als Dekoration, um die aufgeklebten Texte zu untermalen. Das Band zum Verschließen unter dem Chipboard befestigen.

Trost bei Streitigkeiten

Material
Tonkarton: oliv, hellgrau ● bedrucktes Papier ● graue Tapetenreste ● Silikonstempel, Acrylblöcke ● Stempelkissen: hellgrün, oliv ● weinrot-irisierende Perlen ● Schneidemaschine, Schablone „Blüten", „Alphabet" ● Blütenblätter ● Herz-Dose ● Acrylfarbe: hellgrün, wollweiß ● Schablone „Ornamente" ● silberne Schabloniercreme

Herz-Dose „Trost"

Die Dose unregelmäßig abwechselnd mit wollweißer und hellgrüner Acrylfarbe bemalen, trocknen lassen. Danach ein Stück hellgrauen Tonkarton der Dosenform entsprechend zuschneiden, ein Stück davon abreißen und auf die Dose kleben. Den Deckel als Nächstes mit den Blüten bestempeln. Mit Schabloniercreme und der Ornament-Schablone das Muster auf die graue Tapete arbeiten und gut trocknen lassen. Auf die Dose aufsetzen und mit ausgeschnittenen Blüten, die zuvor gestempelt wurden und Perlen verzieren. Zuletzt mit Stanzteilen in Form von Blüten und der Schrift „Trost" verzieren.

„Ein falsches Wort..."

Die quadratische Karte im Format 30 x 15 cm aus olivfarbenem Tonkarton zuschneiden, mittig falten und mit einem Streifen bedrucktem Papier am rechten Rand entlang bekleben. Ein etwa 12 x 12 cm großes Stück des grauen Tonkartons bestempeln und auf die Karte kleben. Nun den Text hinterlegen und mit Abstandsband auf die Karte setzen. Zuletzt Stanzblüten aus Tapetenresten und ausgeschnittene Stempelblüten versetzt mit Blütenblättern sowie Perlen über den linken unteren Rand der Karte laufen lassen.

Verlust des Arbeitsplatzes und Arbeitslosigkeit

Material
bedruckte Papiere ● Schneidemaschine, ● Schablone: „Blüten", „Schnalle" ● Stoffblüten ● eckige Brads ● Fotohalter ● Ösen ● verschiedene Bänder ● Silikonstempel, Acrylblöcke ● beigefarbenes Stempelkissen

„Du hast Deine Arbeit verloren..."

Das Kartenformat beträgt hier 30 x 12 cm. Bei dieser Gestaltung werden verschiedene, bedruckte Papiere zerknittert, glatt gestrichen, gerissen und auf zugeschnittene Papiere im Kartenformat geklebt. Die Ausdrucke wurden entsprechend der rechten Anleitung bearbeitet, damit sie ungleichmäßig wirken. Die große Stanzblüte mit dem Falzbein wölben und mit einer Stoffblüte, sowie einem Brad auf die Vorderseite aufsetzen, nachdem alle anderen Papiere und Texte darauf ihren Platz gefunden haben. Nun die Innenseite beliebig gestalten und zuletzt die Schleife anbringen.

„Gib Dich nicht auf..."

Ein Streifen bedrucktes Papier auf das Maß 30 x 8 cm zuschneiden und zwei Mal nach 10 cm falten, damit eine Dreifachfaltung entsteht. Die ausgedruckten Texte auf „alt" trimm, indem weißes Papier zunächst mit dem Stempelkissen eingefärbt, dann zerknittert und wieder glatt gestrichen werden. Als Nächstes die einzelnen Seiten beliebig mit gerissenen Papieren bekleben, die teilweise auch zerknittert werden können. Die Elemente erst in die Karte einkleben, wenn Stanzblüten, Bänder und Brads befestigt wurden, damit die Verschlüsse nicht auf den Rückseiten sichtbar sind. Zuletzt mit Bändern schmücken.

Innenansicht „Du hast Deine Arbeit ..."

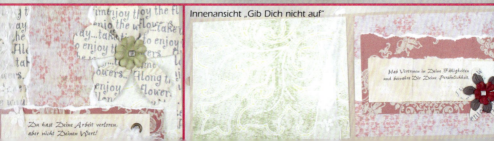

Innenansicht „Gib Dich nicht auf"

Du hast Deine Arbeit verloren,
aber nicht Deinen Wert!

GIB DICH NICHT AUF...

Wünsche von Herzen

Material und Anleitung Seite 30

Wünsche von Herzen

Material (auch für Seite 28/29 und 31) rosafarbene Grußkarte, DIN Lang ● rosafarbener Cardstock (Tonkarton in 30,5 x 30,5) ● bedruckte Papiere ● Multiboard ● Silikonstempel, Acrylblöcke ● graues Stempelkissen ● Schneidemaschine, Schablone „Schmetterling" ● Kreisschneider ● Motivstanze „Lasche" Zick-Zack-Schere ● silberne Ösen, Ösenwerkzeug ● silberne Schmuckanhänger „Herzen" ● diverse Schleifenbänder

Karte mit Schmetterling
„Herzliches Beileid"

Die Karte an allen Rändern mit der grauen Stempelfarbe kolorieren. Mit der gleichen Farbe das Stempelmotiv am Rand entlang und über den Rand hinaus stempeln. Nun bedrucktes Papier etwas kleiner als das Kartenformat auf die Karte setzen. Einen Kreis im Durchmesser von 10 cm mit Abstandsband mittig anordnen. Die Einzelteile des Schmetterlings zuschneiden, teilweise kolorieren sowie bestempeln und mit dem Falzbein plastisch gestalten. Mit doppelseitigem Klebeband und Abstandsband auf die Kreismitte aufsetzen. Zuletzt den Text kolorieren, die Nieten zur Zierde einschlagen und mit Schleifenband und dem Herzen dekorieren.

Gruß-Tasche mit CD-Fach

Den rosafarbenen Cardstock (30,5 x 30,5 cm) mit dem Multiboard falzen. Hierzu ringsum die Einkerbung „Gatefold A4" verwenden. Die entstehenden Quadrate an allen vier Ecken abschneiden, damit sich die daraus resultierenden Elemente nach innen falten lassen. An der Wellenführung entlang alle äußeren Seiten prägen, nachschneiden und mit der Lochzange Löcher einstanzen. Nun alle Seiten mit der Stempelfarbe schattieren und beliebig bestempeln. In die Innenseite bedrucktes Papier kleben. Dann die Ränder der äußeren Seiten oben rechts und oben links schräg einschneiden. Die Tasche wie dargestellt zusammenkleben. Als Verschluss dient die ausgestanzte Lasche, die auf der Vorderseite mit silbernen Ösen aufgesetzt wird. Mit Stanzteilen, Ösen und Schleifenband verzieren.

Tipp: Manchmal kann Musik Trauernden helfen, die Situation besser zu verkraften. Eine beigefügte CD mit schönen Titeln lenkt den Beschenkten vielleicht ein bisschen von den traurigen Gedanken ab.

„Wohin du auch gehst…"

Aufstellbare Karte

Eine DIN Lang-Karte halbieren. Die Falze, um die Karte aufzustellen, mit dem Multiboard erstellen. Hierzu die halbierten Karten der Breite nach am Multiboard, Seite „Box Lid" anlegen. Den ersten Falz in der zweiten Rille, den zweiten Falz in der dritten Rille entlang setzen. An einem Teil der Karte die Ränder mit der Wellenführung prägen, nachschneiden und die Löcher einstanzen. Die Karten mit der Stempelfarbe schattieren, bestempeln und vor dem Zusammensetzen mit den bedruckten Papieren und dem Text bekleben. Zum Schluss die silbernen Ösen am Rand entlang einschlagen und die Karte mit dem Schmuckanhänger-Herz verzieren.